NOUVELLE
REVUE HISTORIQUE

DE

DROIT FRANÇAIS ET ÉTRANGER

PUBLIÉE SOUS LA DIRECTION DE MM.

Rodolphe DARESTE
Membre de l'Institut,
Conseiller à la Cour de Cassation.

Adhémar ESMEIN
Professeur à la Faculté de droit de Paris,
Directeur-adjoint à l'École pratique
des Hautes-Études.

Marcel FOURNIER
Agrégé à la Faculté de droit de Caen,
Archiviste-Paléographe.

Joseph TARDIF
Docteur en droit, Archiviste-Paléographe.

Maurice PROU
Bibliothécaire à la Bibliothèque Nationale.

Georges APPERT
Docteur en droit,
Secrétaire de la Rédaction.

TERTULLIEN
JURISCONSULTE
PAR
P. DE LABRIOLLE

LIBRAIRIE
DE LA SOCIÉTÉ DU RECUEIL GÉNÉRAL DES LOIS & DES ARRÊTS
FONDÉ PAR J.-B. SIREY, ET DU JOURNAL DU PALAIS
Ancienne Maison L. LAROSE & FORCEL
22, rue Soufflot, PARIS, 5e arrond.
L. LAROSE & L. TENIN, Directeurs

NOUVELLE
REVUE HISTORIQUE
DE
DROIT FRANÇAIS ET ÉTRANGER

TERTULLIEN
JURISCONSULTE

On sait dans quel discrédit fut tenue durant de longs siècles la mémoire de Tertullien (1). Certes, il avait rendu à l'Église d'immenses services : comment aurait-on oublié l'éloquence vengeresse avec laquelle il avait défendu ses frères contre les violences païennes ; ou sa longue et victorieuse polémique contre l'hérésie gnostique? Mais on ne put lui pardonner d'avoir finalement rompu avec l'Église et d'être mort sans revenir à elle (2). Il devint un exemple fameux des lamentables

---

(1) La réhabilitation n'a guère commencé qu'au xvie siècle en raison du secours que le *de Praescriptione* apporta à la polémique catholique.

(2) C'est à tort que M. A. Réville a écrit : « Tertullien mourut certainement dans le giron de la mère commune : sans quoi, il eût été rangé parmi les blasphémateurs du Saint-Esprit avec les Montanus et les Proculus. Il est évident qu'un homme aussi ecclésiastique, aussi épiscopal que Cyprien n'eût pas fait sa lecture favorite des écrits d'un docteur qui eût fait secte à part ». (*Nouvelle Revue de théologie*, 1858, I, p. 100). L'erreur de M. Réville ressort des considérations suivantes : 1⁰ Cyprien a, en effet, beaucoup étudié Tertullien. Il l'a imité de près dans plusieurs de ses traités. Mais il ne l'a pas

chutes auxquelles de rares intelligences sont exposées. Si un
pareil homme avait donné dans les chimères du montanisme,
qui pouvait oser se sentir sûr de soi? On eut pour lui des mots
de pitié grave, non exempte d'amertume. Et l'on profita de
sa mauvaise réputation pour le copier abondamment — sans le
nommer!

. Cependant, à travers les blâmes et les mines scandalisées,
l'admiration perce. Et c'est surtout à la *science* de Tertullien
qu'elle s'adresse. Son style est parfois jugé obscur et insuffi-
samment poli. Mais quelle prodigieuse érudition! Saint Jérôme,
dont nul ne récusera la compétence, s'écrie dans une de ses
lettres : « *Quid Tertulliano eruditius, quid acutius? Apologeticus eius et contra gentes libri cunctam saeculi continent disci-
plinam* » (1). Vincent de Lérins renchérit encore, dans son
fameux *Commonitorium*, sur ces paroles flatteuses. Pour lui,
Tertullien fut chez les Latins ce qu'Origène fut chez les Grecs :
« *Quid enim hoc viro doctius, quid in divinis atque humanis
rebus exercitatius? nempe omnem philosophiam et cunctas phi-
losophorum sectas, auctores adsertoresque sectarum, omnesque
eorum disciplinas, omnem historiarum ac studiorum varietatem
mira quadam mentis capacitate complexus est, etc.* »

L'éloge se développe en larges nappes, pour aboutir, il est
vrai, au regret qu'un homme si éminent ait si mal fini et ait
pu être dans l'Église « une grande tentation », *magna tenta-
tio* (2).

La science de Tertullien est, en effet, remarquable. Et elle

nommé une seule fois, même dans la controverse sur le baptême des hérétiques où cependant il aurait pu se prévaloir de l'opinion du docteur de Carthage (Cf. Test., *de Baptismo*, 15; *de Pudicitia*, 19). 2° Le ton sur lequel
les écrivains ecclésiastiques ont parlé de Tertullien exclut l'hypothèse d'une
résipiscence tardive (V. les témoignages dans Harnack, *Gesch. der Altchr.
Litter*, II, 679 et s., ou Turmel, *Tertullien*, Paris, 1905, p. xxxiii et s.). Quels
cris de victoire on eût poussés, s'il avait reconnu son erreur! 3° Saint Augustin nous donne un renseignement positif (*Haer*, 86). Vers la fin de sa vie,
Tertullien voulut se créer au sein même du groupe montaniste une petite
chapelle à part. Il fonda la secte des « Tertullianistes » qui devait lui sur-
vivre et qui, au temps même d'Augustin, comptait encore quelques adhérents.
L'évêque d'Hippone, *rationabiliter cum illis disputans*, les ramena à l'ortho-
doxie.

(1) Ep. LXX, 5.
(2) *Commonitorium*, § 24.

le paraîtra davantage encore, si on la compare à celle des plus
doctes de son temps, même du côté païen. Devenus aujour-
d'hui plus scrupuleux ou plus difficiles, nous sommes quelque-
fois tentés de la trouver superficielle et de seconde main. Mais
nous aurions tort d'en méconnaître les parties solides et surtout
l'ampleur. Tertullien écrivait indifféremment en latin et en
grec : plusieurs de ses traités ont été composés dans ces deux
langues (1). Il était initié à la plupart des grands systèmes de
philosophie, et (si incapable fût-il de suivre avec impartialité et
sympathie la pensée d'autrui), il savait en extraire les idées
maîtresses, pour les réfuter ou les contraindre à s'allier à sa
cause. Il a du reste beaucoup emprunté à la philosophie pro-
fane, surtout au stoïcisme (2). La littérature, l'histoire lui
fournissent quantité d'exemples et d'allusions dont il enrichit
ses développements. La physiologie même ne lui est pas étrangère, comme on peut s'en convaincre en lisant ce curieux
traité *de Anima* dont M. Harnack a signalé l'intérêt au point de
vue des conceptions médicales (3). Qu'on songe enfin au nombre de textes scripturaires qu'il a cités, interprétés, paraphrasés
avec tant d'à-propos et parfois de subtilité. Il avait évidemment à son service tout l'*instrumentum fidei* (4); et sa mémoire fidèle lui fournissait en chaque occasion les passages
décisifs dont il avait besoin.

Voilà un bien rapide inventaire. J'en ai exclu à dessein l'article essentiel, sur lequel je veux concentrer mon attention :
à savoir la science juridique de Tertullien. C'est elle qui donne
en grande partie à son œuvre son ton général et sa couleur

---

(1) C'est le cas du *de Ecstasi*, du *de Virginibus velandis*, du *de Baptismo*
et du *de Spectaculis*.

(2) Voir en particulier, le traité *de Anima*, en s'aidant, pour la question
des sources, des ouvrages suivants : Diels, *Doxographi graeci*, Berlin, 1879,
p. 203 et s.; Burckhardt, *Die Seelenlehre des. T-n*, Budissin, 1857; Stöckl,
*Tertullianus de animae humanae natura und de Tertulliani doctrina psycholo-
gica*, Münster, 1863, et surtout Esser, *Die Seelenlehre Tertullians*, Paderborn,
1893.

(3) Cf. Harnack, *Medicinisches aus der Aeltesten Kirchengeschichte*, dans
Texte u. Unters, VIII, 4 (1892), p. 37 et s.

(4) Tertullien entend par ce mot l'Ancien et le Nouveau Testament, son
répertoire de textes. Voir Koffmane, *Geschichte des Kirchenlateins*, Breslau,
1879, p. 77.

propre. Visiblement il y est passé maître. Quand il y touche,
ce n'est point comme un amateur qui se hasarde sur un ter-
rain qui n'est point le sien : c'est en initié qui en connaît tous
les secrets, tous les rouages, j'allais dire toutes les ficelles, et
qui les fait habilement servir à son dessein particulier.

⁎⁎

L'exceptionnelle compétence de Tertullien en matière de jurisprudence a soulevé la question de savoir s'il ne conviendrait
pas de l'identifier avec le Tertullien dont plusieurs fragments sont
cités dans le *Digeste* (1). Cette question n'est pas d'aujourd'hui,
bien qu'elle soit encore très controversée (2). Les premiers
éditeurs ou critiques de Tertullien, tels que Grotius, Valesius,
Pamelius la résolvaient par la négative, sur cette raison que
Jérôme n'indique nulle part dans sa notice du *de Viris illustri-
bus* que Tertullien ait été jurisconsulte de profession. A quoi
un certain Pagenstecher, en un pompeux et grandiloquent discours *de Jurisprudentia Tertulliani* (3), répondit que saint
Jérôme n'avait point prétendu donner un recensement complet
de toutes les œuvres de Tertullien. Jérôme ne déclare-t-il pas
qu'il est inutile de les énumérer, connues de tous comme elles
le sont, et qu'au surplus beaucoup se sont perdues ? Pagenstecher revendiquait donc Tertullien, en tant que jurisconsulte, et
se félicitait hautement que la jurisprudence eût donné à
l'Église un pareil défenseur. — Actuellement les critiques sont
moins affirmatifs et présentent leur choix comme vraisembla-
ble, non comme certain. M. Harnack (4) croirait plutôt que les
deux Tertullien ne sont qu'un même homme : en effet, le jurisconsulte a dû, en toute hypothèse, écrire vers le même temps

(1) Dig. I, III, 27 (éd. Mommsen, p. 6); XXIX, I, 23 et 33 (M., p. 398); XXIX,
II, 30, 6 (M., p. 402); XLIX, 17, 4 (M., p. 838). Ces fragments sont donnés
comme extraits de deux ouvrages intitulés : *Quaestionum libri octo* et *Liber
singularis de castrensi peculio*.

(2) L'identité des deux noms ne suffit pas à la trancher. Le nom de Tertullien n'est pas rare dans les Inscriptions. Cf. CIL, II, 4381; III, 2555, 6372;
IV, 2381; VIII, 850, 899; XIII, 4395, etc.

(3) I. A. Pagenstecher, *De Jurisprudentia Tertulliani oratio*, Harderoviae,
1743, in-4°, p. 51 et s.

(4) *Chron. d. Altchr. Litter.* Leipzig, 1904, II, 293 n.

où vivait l'auteur de l'*Apologeticus*, à coup sûr avant Caracalla (211-217), car il est cité par Ulpien dont les travaux remontent à cette époque (1). D'autre part, Harnack observe qu'il y a chez Tertullien, les marques non pas seulement d'une science profonde du droit, mais même d'une *frühere juristische Praxis*. N'est-il pas aussi assez frappant que le Tertullien jurisconsulte se soit occupé de la question du *peculium castrense* (2), si l'on se rappelle la profession qu'exerçait le père de l'écrivain ecclésiastique ? Il y a peut-être, dans ce faisceau de rapprochements, de quoi incliner l'esprit à une solution favorable.

M. Monceaux (3) a opposé pourtant une sérieuse objection. N'est-ce pas un fait que les auteurs cités au *Digeste* sont ordinairement des jurisconsultes romains, tout au moins fixés à Rome, ayant conquis une grande renommée en matière juridique et investis d'un droit de consultation semi-officiel (4)? Tertullien ne remplit aucune de ces conditions. Et comme il est malaisé de croire qu'une fois chrétien, il ait continué de consacrer son activité à un métier de cette sorte, il faudrait en conclure qu'il avait eu le temps de se tailler une réputation dans le domaine juridique avant même sa conversion, ce qui n'est guère possible.

Le problème n'est donc pas définitivement résolu. Les critères internes manquent, car les fragments cités des *Quaestionum libri acto* et du *Liber singularis* ont un caractère trop

(1) Ulpien à Sabinus, Dig. XXIX, 11, 30, 6 (Mommsen, p. 402). Il y aurait même selon H. Fitting (*Ueber das Alter der Schriften röm. Juristen*, Basel, 1860, p. 33), dans le passage cité du *Liber Singularis*, un élément du *castrense peculium* qui n'est apparu qu'entre Marc-Aurèle et Sévère, probablement sous Sévère. Si le fait est exact, le Tertullien jurisconsulte aurait été sûrement contemporain du nôtre.

(2) Le *peculium castrense* était l'argent gagné au service militaire dont le fils de famille, soldat, pouvait disposer à son gré. Ce pécule était soustrait au pouvoir du père de famille et soumis à celui du fils, *vice patris familias*. Cette autorisation fut octroyée par Auguste, ou peut-être par César, et élargie par Hadrien. Le père de Tertullien était centurion proconsulaire. Cf. Dessau, dans *Hermès*, XV (1880), p. 473.

(3) Cf. Monceaux, *Hist. Littér. de l'Afr. chr.*, I, 181. — V. aussi Schanz, *Gesch. d. röm. Litt.*, t. III, 2e éd. (1905), p. 182.

(4) *Jus publice respondendi.* — V. sur se point, Édouard Cuq, *les Institutions juridiques des Romains*, Paris, 1902, t. II, p. 56 et s., et l'article *Jurisconsulti* du même auteur, dans le *Dict. des Antiq.*, de Daremberg et Saglio.

purement technique pour qu'on puisse essayer d'y démêler quelques traits d'analogie avec le vocabulaire et le style de Tertullien (1). C'est sur des vraisemblances extérieures qu'il faut se décider — à moins qu'on ne préfère, ce qui est peut-être une plus sage attitude, réserver son jugement.

Au surplus, ce qui nous importe présentement, c'est de définir l'influence que le droit romain a exercée sur la pensée et sur l'œuvre de Tertullien. C'est d'abord dans sa morale que j'essaierai d'en ressaisir la trace. Et cet ordre est déterminé par le sujet lui-même. Tertullien a été, avant toute chose, un moraliste. Je veux dire que sa constante préoccupation a été d'imposer une loi aux actes humains, de les enchaîner à une discipline. Le dogme le préoccupe pour ses conséquences pratiques. S'il déteste les spéculations gnostiques, c'est moins encore parce qu'il les juge chimériques et absurdes, que parce qu'elles aboutissaient (au moins dans certaines sectes) aux pires désordres. C'est donc surtout dans le domaine moral qu'il a dû trahir ses habitudes d'esprit.

En fait, voyez-le s'occuper de déterminer certaines règles de conduite à l'usage de ses frères, en des cas douteux et controversés : par exemple, dans quelle mesure était-il licite à un chrétien de prendre part à la vie païenne ? Fallait-il que les jeunes filles portassent le voile ? Quand et comment convenait-il de prier, de jeûner, etc. ? Il ne se contente jamais de poser des principes généraux. Il entre dans les faits particuliers, dans le tout petit des détails qui composent la trame de l'au jour le jour. Le *de Idololatria* est une sorte de traité de théologie morale où, après avoir établi la gravité du crime d'idolâtrie, Tertullien passe en revue les diverses formes de la vie séculière, métiers, cérémonies, langage même, et s'attache à préciser chaque fois dans quelle mesure le chrétien ennemi des compromissions peut et doit y collaborer. Et avec quelle minutie il détermine les con-

______

(1) C'est donc à tort que Neumann a voulu tout ramener à une question de style (*Die röm. Staat u. die allgem. Kirche,* I (1890), p. 110, n. 3). Voir les justes observations de Weyman, *Studien zù Apuleius u. seinen Nachahmern,* (*Sitz-Ber. der bayer. Akad.,* 1893, II, 343, n. 1).

ditions extérieures de la prière, le ton, les gestes, l'attitude à observer (1); avec quel soin il fixe la nature et la durée des jeûnes, en justifiant « xérophagies » et « stations », par des considérations scripturaires (2); avec quel scrupule il aune la longueur du voile qui convient aux vierges, indiquant comment il faut le disposer par devant et par derrière, et jusqu'où il doit descendre, et l'âge précis où il faut commencer à le porter (3). Il n'est pas de ces moralistes qui pensent que l'esprit seul suffit à tout vivifier. Il aime à tout prévoir pour tout réglementer, parce qu'il connaît la faiblesse et la perversité de l'homme et qu'il craint que celui-ci ne s'échappe par le côté où l'on aurait omis de tracer la route à suivre et d'élever des garde-fous. Il faut donc qu'une exégèse minutieuse, qu'un règlement d'administration publique, commente la loi, et en adapte les prescriptions aux réalités quotidiennes. C'est bien là une idée romaine, caractéristique du peuple qui a inventé la jurisprudence, et c'est déjà la forme d'esprit d'un théologien de l'avenir.

Il est un traité où cette conception juridique de la morale se trahit d'autant plus fortement qu'elle s'oppose à une autre conception, très différente : c'est l'*adversus Marcionem*. Je ne rappellerai ici qu'un point de la thèse marcioniste. Marcion avait été vivement frappé par les divergences entre l'idée de Dieu, telle que la révèle l'Ancien Testament et celle qui apparaît dans l'Évangile. D'un côté un Dieu sévère et même cruel, en qui certaines des passions humaines vivent et bouillonnent, qui aime, hait, se venge, qui est sujet à l'incertitude et au repentir; de l'autre côté, un Dieu de clémence et de bonté, père céleste de toute créature. Marcion partait de cette opposition flagrante pour accommoder à son gré les données de la Révélation chrétienne. Pour lui, le Dieu véritable, le Dieu suprême s'était véritablement et pour la première fois manifesté dans le Christ; quant au Dieu de l'Ancien Testament, ce n'était à ses yeux qu'un simple démiurge, un Dieu subalterne, responsable de la création de la ὕλη, de la matière mauvaise en soi. — Bien entendu, les catholiques ne pouvaient accepter

(1) Cf. *de Orat.*, § 16 et s. (OEhler, I, p. 567 et s.).
(2) Cf. *de Jejunio*, § 10 et s. (OEhler, 1, 864 et s.).
(3) Cf. *de Virg. vel.*, § 17 et s. (OEhler, I, 908 et s.).

ces vues. En reniant le judaïsme, Marcion ne commettait pas seulement « une colossale erreur historique (1) »; il dépouillait le christianisme de la majesté qu'ajoutait à la religion nouvelle le long recul des siècles qui en avaient préparé l'avènement. Aussi Tertullien a-t-il mené contre l'hérésiarque une guerre particulièrement acharnée. L'*adversus Marcionem* ne comprend pas moins de cinq livres, dont chacun est plus long que la majorité de ses autres opuscules considérés séparément.

Or, pour en venir à mon objet principal, rien n'est plus curieux que de lire les pages où Tertullien réfute les critiques de Marcion sur le Dieu de l'Ancien Testament et sur le judaïsme en général. Les traits dont Marcion s'offense (et que les écrivains ecclésiastiques grecs tels que Clément, Origène, éludaient au moyen de l'allégorie) sont justement ceux qui ravissent Tertullien. Il se complaît dans l'idée d'un Dieu toujours prêt à châtier, à exercer sa vengeance. Car qu'est-ce qu'une loi sans tribunal, sans juge, sans sanction? « Écoutez, pécheurs, s'écrie-t-il (2), et vous qui ne l'êtes pas encore, afin d'apprendre à le devenir! On a inventé un Dieu meilleur qui ne s'offense, ni ne s'irrite, ni ne se venge; un Dieu dans l'enfer duquel nulle flamme ne bouillonne, et qui n'a point de ténèbres extérieures, ni frissons, ni grincements de dents. Il est tout bon, vous dis-je. Il défend bien de pécher, mais seulement sur le papier. A vous de voir si vous voulez bien lui accorder obéissance, pour paraître l'honorer. Quant à la crainte, il n'en veut pas! »... « Étrange Dieu (3) que celui qui établit des préceptes sans en surveiller l'observation; qui interdit la faute et la laisse impunie, puisqu'il ne doit pas la juger; qui demeure étranger à tout sentiment de sévérité et de répression! Pourquoi défendre de commettre des actes qu'une fois commis il ne châtiera point? Il ferait beaucoup mieux de ne pas interdire ce qu'il ne veut pas punir, que de laisser sans vengeance l'infraction à sa loi ». — De même, certaines ordonnances auxquelles Marcion opposait les plus graves objections morales lui paraissent toutes naturelles. La loi du talion? Mais ne constituait-elle pas le meilleur moyen de brider un

<hr>

(1) Renan, *Orig. du Christianisme*, VI, 359.
(2) *Adv. Marc.*, I, xxvii (OEhler, II, 79).
(3) *Ibid.*, XXVI (OEhler, II, 78).

peuple grossier qui se serait si médiocrement préoccupé d'une punition à longue échéance? Elle fournissait un excellent remède préventif, puisqu'elle détournait de nuire à autrui par la crainte d'un traitement semblable. *Nihil amarius quam id ipsum pati quod feceris aliis* (1). Tertullien n'est pas scandalisé davantage de la multiplicité des rites judaïques, qui, au gré de Marcion, révélait chez le Dieu biblique une sévérité inquisitoriale et tatillonne. Comment le serait-il lui qui rêve d'enlacer la vie humaine dans un réseau de prescriptions si étroit que nulle part le mal ne puisse s'y glisser! Si Dieu les a imposés à son peuple, c'est qu'il voulait s'attacher par mille liens les juifs encore rebelles à l'obéissance, *ne ullo momento vacarent Dei respectu* (2). En un mot, toutes ses notions de discipline, de pénalité, d'expiation judiciaire sont si pleinement en accord avec ce qu'il trouve dans l'Ancien Testament, que les inquiétudes de Marcion lui paraissent le signe incontestable d'un esprit faussé et corrompu.

Un de ses procédés pour expliquer les divergences relevées par Marcion entre la loi ancienne et la loi nouvelle, c'était d'exposer le mode particulier de révélation par où Dieu avait fait connaître aux hommes sa volonté en matière de discipline. Ici encore nous allons retrouver le légiste. Selon Tertullien, il y eut depuis l'origine du monde comme un resserrement progressif de la discipline. Dieu, par une pédagogie appropriée à chaque période successive, *pro temporibus omnia modulans* (3), a insensiblement accoutumé l'humanité à supporter le poids tout entier de sa loi. Moïse, le Christ, l'apôtre Paul ont été ses intermédiaires, chacun d'eux venant apporter son supplément de rigueur et annuler les tolérances provisoirement con-

(1) *Adv. Marc.*, II, 18 (OEhler, II, 106). La loi des Douze Tables autorisait le talion en cas de rupture d'un membre. « *Si membrum rupsit ni cum eo pacit, talio esto* ». En pratique, une transaction pécuniaire était généralement substituée au talion, si malaisé dans l'application, comme le montre excellemment le philosophe Favorinus ap. Aulu-Gelle, XX, i, 37-38. Cf. sur ce point Girard, *Manuel élém. de droit romain*, 2e éd., 1898, p. 391 ; Ihering, *Esprit du droit romain*, trad. de Meulenaere, Paris et Gand, 2e éd., 1880, t. I, p. 131 et s. — L'idée du talion n'était donc pas étrangère à l'esprit d'un juriste romain.

(2) *Adv. Marc.*, II, 18 (OEhler, II, 107).

(3) *De Jejunio.*, 4 (OEhler, I, 856).

cédées. Cette théorie, à laquelle il fait de si fréquentes allu-sions (1), est développée dans toute son ampleur au début du *de Virginibus velandis* (2). Il distingue très fortement entre la *regula fidei* et la discipline. La *regula fidei* doit demeurer intacte, mais la discipline a besoin d'être sans cesse retouchée et réformée pour parer aux assauts multiformes du démon. « Il n'est rien qui n'ait son âge, rien qui n'attende son moment. L'Ecclesiaste a dit : « A chaque chose son temps ». Regarde les êtres créés : ils n'arrivent que peu à peu à leur fruit. D'abord la graine; de la graine naît la pousse, de la pousse l'arbuste. Puis les branches et le feuillage se fortifient; et voici que l'arbre enfin se déploie dans son ampleur. Les bourgeons se gonflent, la fleur s'en dégage, le fruit apparaît, tout d'abord rude et informe, puis une fois l'âge venu, prenant une saveur exquise. Il en va pareillement de la justice (car le Dieu de la justice est le même que le Dieu des créatures). Dans ses rudiments, elle s'appuya sur la crainte naturelle de Dieu. Par la loi et les prophètes elle arriva à l'enfance. Par l'Évangile, elle connut l'ardeur de la jeunesse. Et maintenant, par le Paraclet (3) elle prend une plus rassise maturité ».

Cette vue d'ensemble servit très utilement Tertullien dans ses diverses polémiques. Contre des hérétiques tels que Marcion, elle lui permit de résoudre les prétendues antinomies où celui-ci s'aheurtait. Le tort de Marcion était d'opposer brutalement tel précepte à tel autre, faute d'apercevoir la *transition* par où le second avait succédé au premier. « *Sic et oculum pro oculo et dentem pro dente jam senuit ex quo iuvenuit malum pro malo nemo reddat* (4) ». Contre les catholiques, quand il commença à les trouver trop mous ou qu'il eut consommé sa rupture avec eux, elle l'aida à leur arracher plusieurs des excuses dont ils palliaient leurs faiblesses. A ceux qui pour justifier les secondes noces, invoquaient le *Crescite et multipli-camini* de la Genèse, il rappelait que la juridiction du *Crescite* était close. Oui, sans doute, Dieu avait autrefois lâché la bride

---

(1) Cf. *ad. Uxorem*, I, 2 (OEhler, I, 671); *de Exhort. castitati*, 6 (OEhler, I, 746); *de Jejuniis*, 4 (OEhler, I, 856), etc.

(2) § 1 (OEhler, I, 884).

(3) Le prophète Montan.

(4) *De Exhort. cast.*, § 6 (OEhler, I, 746).

au genre humain, *donec mundus repleretur, donec novae disciplinae materia proficeret* (1). Maintenant son but étant atteint, il restreignait la liberté toujours plus gran de des débuts, en vue de la fin prochaine du monde. Donc l'argumentation « psychique (2) » n'était pas recevable en l'espèce. — De même, quand il mène une si rude guerre contre le pape Calixte (qui venait d'accorder aux coupables de *fornicatio* et de *moechia* le droit de rentrer dans l'Église après pénitence faite), il commence, avant d'entamer sa démonstration contradictoire, par poser ce principe que les catholiques n'ont pas le droit d'aller chercher des exemples dans l'Ancien Testament pour justifier la licéité du pardon octroyé à ces catégories de pécheurs. Même en admettant que certains textes bibliques les favorisent, ils ne doivent tirer de là aucune conséquence favorable à leur pratique. Car il faut distinguer la condition de la chair avant et après Jésus-Christ. Avant le Christ, la chair pouvait brûler de toutes les concupiscences, soit ! Mais le Verbe, en s'incarnant vierge dans une chair vierge a fait d'elle son temple, l'a rachetée, l'a purifiée à jamais. Et telle est la limite chronologique qui détermine la position du problème en litige (3).

La révélation divine lui apparaît donc sous les espèces d'une législation qui se modifie, se corrige, et surtout se resserre progressivement. Il n'est pas plus étonné d'en constater l'évolution qu'il ne s'offense des promulgations de lois nouvelles ou des abrogations de lois anciennes dans les Codes humains (4).

On entrevoit l'importance du point de vue légaliste dans la Morale de Tertullien. — C'est certainement en partie sous l'influence de ces préoccupations de juriste qu'il a donné son adhésion à la *nova prophetia* de Montan et s'est séparé de l'Église. Représentons-nous Tertulli en aux environs de l'année 204-205. Il a écrit à ce moment une quinzaine d'opuscules.

---

(1) *Ibid.*

(2) On sait que Tertullien, devenu montaniste, appelle couramment les catholiques *psychici* (êtres grossiers).

(3) *De Pudicitia*, éd. Preuschen, V, 14 et s.

(4) Cf. *De Exhort. cast.*, § 6 (OEhler, 1, 746). *Puto autem etiam in humanas constitutiones atque decreta posteriora pristinis praevalere.*

Sans doute, il n'a pas encore montré toute l'âcreté farouche
que son âme recèle ; déjà pourtant il s'est affirmé, en face de
tout un parti qui prêche la tolérance et veut élargir les voies
de Dieu, comme un intransigeant fermement décidé à les rétré-
cir le plus possible. Mais il sent que ses colères, ses impérieux
rappels à l'idéal sans tache des premiers âges, viennent échouer
contre la force des choses qui veut que l'Evangile s'adapte à la
condition changeante de l'humanité. Dans cette adaptation, Tertullien voit bien plutôt une dégradation, laquelle procède, non
pas de nécessités réelles, mais de la mollesse humaine, ingénieuse à se couvrir de prétextes honorables. Et ce qui redouble
sa mauvaise humeur, c'est que l'Écriture, même sollicitée par
le plus rusé des avocats, même torturée par le tourmenteur le
plus habile à faire parler les textes de force, le laisse souvent
désarmé en face de cas particuliers que l'Esprit saint, dirait-on,
n'a pas prévus (1). Il est dans la situation d'un juge fermement
convaincu de la nécessité de réprimer certains délits et à qui
l'«arsenal» des lois ne fournit aucune arme appropriée. Devra-t-il
donc assister, témoin impuissant et navré, à une corruption chaque jour croissante dont l'Église semble se faire la complice ?...
— Mais voici qu'un secours lui arrive du dehors. Une doctrine
s'offre à lui, bien digne d'attirer ses sympathies. D'abord elle
touche à peine au dogme. Elle paraît à peu près indifférente aux
questions purement théoriques. Elle n'a rien de commun avec
le gnosticisme qu'il abhorre, et qui, lui, est tout entier spécu-
lation à propos du dogme. Rien ne dénonce chez ceux qui la
propagent l'orgueil intellectuel qui refuse de s'incliner devant
la commune croyance des fidèles. Cette doctrine ne semble
préoccupée que de la pratique de la vie. L'idéal qu'elle propose
est un idéal tout moral, dont l'objet n'est pas tant la *connaissance* que *l'action*. De plus, cette doctrine est d'une admirable
rigidité. Loin de rien concéder à ceux qui se figurent que le
monde en a pour longtemps encore et qui cherchent à s'y amé-
nager une vie aussi confortable que possible, elle est au con-
traire toute pénétrée du sentiment que le siècle va bientôt finir,
et qu'en l'attente d'un si grand événement l'homme doit de-

____

(1) Par exemple dans la question des spectacles. Cf. *De Spetaculis*, § 3
(OEhler, 1, 21)

meurer dans la crainte et dans la pénitence. Ses prescriptions
tendent à obtenir de lui un maximum de sacrifice. Et elles se
coordonnent à tout un système de révélations. Par la bouche
des nouveaux prophètes, c'est l'Esprit lui-même, le Paraclet
qui a parlé. L'âge des charismes réapparaît. De nouveau les
grâces débordent, et ce qui certifie leur authenticité divine,
c'est le contenu même des vérités qu'elles répandent et où il
n'y a rien que d'élevé, de pur et de fortifiant.

Tertullien cherchait un Code : en voici un qui lui fournit
tout à la fois une réglementation morale conforme à son vœu
secret et une autorité capable d'imposer cette pratique en
la rattachant à une source divine. Comment se fût-il refusé à
le faire sien? De tous les points d'attache que le montanisme
a trouvés dans l'âme de Tertullien (je n'ai pas à les énumérer
tous ici) celui-ci a été certainement le plus fort. Et cette re-
constitution psychologique n'est pas arbitraire ; elle repose sur
les propres indications de Tertullien, sur les aveux qu'il a laissé
échapper, sur les apologies qu'il a données de sa conduite (1).
C'est son esprit de juriste passionné qui a été conquis d'abord
et qui, entre le montanisme et l'Église, quand il a fallu se décider, a fixé son choix.

⁂

Sa tâche de polémiste et d'apologiste a été singulièrement
aidée, elle aussi, par la savante discipline à laquelle il avait
accoutumé son intelligence. On a dit de tel de nos contemporains
qu'on pourrait mettre en épigraphe à toute son œuvre *Scribitur
ad probandum* (2) : c'est pour prouver que l'on écrit. La même
formule résume excellemment l'impression qui se dégage des
écrits de Tertullien. Nul homme n'a été plus avide que lui de
communiquer sa croyance, de conquérir les âmes, de leur souf-
fler ses idées, ses affections, ses haines. A part deux ou trois
opuscules, tous ses traités sont de véritables discours de combat. Mais il garde cette supériorité que chez lui la passion est
dominée et orientée par la dialectique. Il sait toujours où va sa

____

(1) Voir surtout *de Pudicitia*.
(2) Mot de E. Boutmy sur Hippolyte Taine.

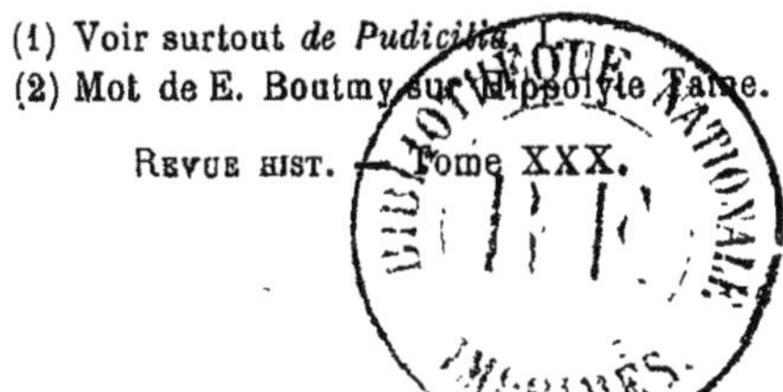

démonstration, et c'est d'arguments juridiques qu'il en nourrit la substance.

Qu'on compare, par exemple, l'*Apologeticus* aux traités analogues des apologistes grecs, aux deux *Apologies* de saint Justin. Celui-ci gardera peut-être la supériorité au point de vue de la profondeur philosophique : mais comme son exposé paraît flottant et incertain à côté de celui de Tertullien ! Soit dédain des vaines techniques littéraires, soit impuissance à dominer ses idées pour attribuer à chacune la place qui lui convient, Justin ne s'astreint pas à un plan suivi. Il amorce certains développements heureux sans les pousser à bout, sans en extraire toute la moelle. C'est ainsi qu'au chapitre IV de la 1re *Apologie*, il avait critiqué sommairement l'illégalité de la procédure usitée contre les chrétiens. Tertullien a repris ce point de vue, mais avec une force, une suite, une précision technique qu'un long commerce avec le droit romain pouvait seul lui permettre d'y apporter. Toute cette discussion, qui occupe les premiers chapitres de l'*Apologeticus*, est irrésistible de logique et d'éloquence. Elle se ramasse en formules martelées, elle se resserre en dilemmes inéluctables où apparaît invinciblement la sottise, l'illogisme profond d'une procédure qui met en échec toutes les formes coutumières de l'administration de la justice. Devant une argumentation ainsi conduite, les Romains devaient comprendre qu'ils avaient affaire non pas à un avocat improvisé, de plus de zèle que de science, mais bien à un homme de loi, rompu aux finesses du barreau, familier avec l'histoire et avec le droit, et dont les griefs étaient dignes d'émouvoir (sinon de convaincre) leurs hauts magistrats (1).

Plus original encore et plus étroitement apparenté à la procédure est le célèbre traité *de Praescriptione Haereticorum*. On sait dans quelles circonstances Tertullien crut devoir l'écrire. Le gnosticisme sévissait. Un certain nombre de désertions avaient vivement affligé l'Église, et, par la qualité, la science, l'apparente vertu des renégats, jetaient le trouble dans beaucoup d'âmes (2). Tertullien voulut couper court à

(1) M. Monceaux a pourtant imaginé avec beaucoup de finesse ce que les magistrats romains pouvaient opposer aux arguments de Tertullien, les réflexions que devait leur suggérer sa thèse juridique, *op. cit.*, p. 249 et s.

(2) *Quid ergo, si episcopus, si diaconus, si vidua, si virgo, si doctor, si*

cette redoutable contagion de scandale. Infiniment plus soucieux de maintenir la probité de la foi que de favoriser les spéculations intellectuelles, il se rendit compte que ce qu'il fallait supprimer d'abord, c'était le contact entre catholiques et hérétiques. Ceux-ci, avec leur subtilité séduisante, leur habileté de dialectique, s'ingéniaient à attirer les catholiques dans des discussions pernicieuses. Il s'agissait donc de créer contre eux un préjugé *a priori* qui mettrait les âmes en garde contre leurs embûches. Tertullien en trouva le moyen dans l'application extrêmement ingénieuse d'un expédient de procédure, la *praescriptio longae temporis*. La loi des douze Tables avait établi que quiconque aurait usé pendant deux ans d'un fonds de terre, pendant un an de toute autre chose, en deviendrait légitime propriétaire (sauf certains cas réservés) (1). Ce mode d'acquérir s'appelait *usucapio*. Mais il était réservé aux seuls citoyens (2). Il fallut imaginer autre chose pour les fonds provinciaux qui ne comportaient pas la propriété quiritaire et pour les pérégrins qui, faute du titre de citoyens, n'étaient pas aptes à obtenir le *dominium* (3). « Il fut permis à quiconque avait pris possession d'un fonds provincial d'une façon régulière, et le possédait depuis dix ans au moins, de repousser toute réclamation de l'ancien possesseur au moyen d'une exception préjudicielle, *longae possessionis praescriptio* » (4). Supposons qu'un demandeur vînt réclamer tel bien-fonds comme lui appartenant. Le préteur lui délivrait une formule où étaient précisés les points sur lesquels le juge désigné devrait prononcer. Mais en tête de cette formule, il libellait, sur prière du défendeur, une restriction conditionnelle déclarant que si le défendeur avait réellement possédé le bien-fonds pendant le délai légal, la requête dirigée

---

etiam martyr lapsus a regula fuerit, ideo haereses veritatem videbuntur obtinere? (§ 3, OEhler, II, 5).

(1) Cf. Cuq, *op. cit.*, t. Ier, 2e éd. (1904), p. 85 ; May, *Éléments de droit romain*, 1901, p. 168 et s.

(2) May, *op cit.*, p. 143.

(3) Pour plus de détails, Cf. Cuq, *op. cit.*, II, p. 249 et s.

(4) Cuq, II, p. 249. L'auteur ajoute : « Cette exception, que Gaius ignore et qui est pour la première fois mentionnée dans un rescrit du 29 décembre 199, fut vraisemblablement consacrée par quelques édits provinciaux avant d'être généralisée par les empereurs ».

contre lui serait écartée *a priori*. La *praescriptio* était donc « une fin de non recevoir permettant au possesseur de para-lyser l'action qu'on intentait contre lui pour reprendre la chose » (1). — Telle est la pratique que Tertullien transporte dans le domaine théologique. Les hérétiques s'afrogent le droit de disserter les Écritures; il les interprètent arbitraire-ment, ils les corrigent au gré de leur fantaisie. Toute la ques-tion se ramène à ceci : ont-ils le droit d'y toucher? à qui les Écritures appartiennent-elles? Ce seul point tranché dispen-sera de plaider sur le fond. Et alors Tertullien prouve qu'his-toriquement les Écritures appartiennent à l'Église catholique, qui en est l'héritière directe par voie de transmission légi-time (2). Du même coup, il élimine les vaines disputes, qui ne sont bonnes qu'à époumonner et à casser la tête..., *dehinc quoniam nihil proficiat congressio scripturarum, nisi plane ut stomachi qua ineat eversionem aut cerebri* (3).

Quand on lit de suite l'œuvre de Tertullien, à chaque instant, dans le détail d'une discussion, dans l'enchaînement d'une série de preuves, on voit surgir l'argument emprunté au droit, par où Tertullien essaie de dirimer le débat. Ainsi dans les premières pages du *de Corona*, Tertullien rappelle l'incident qui donna occasion à ce traité. C'était en l'année 211 (4). Un *donativum* venait d'être distribué aux soldats. Or, tandis qu'ils s'avançaient tour à tour au camp de Lambèse (5), en Numi-die, pour recevoir, couronnés de lauriers, le cadeau des empe-reurs, l'un d'eux, au lieu de porter sa couronne sur la tête, la prit à la main, « manifestant par là qu'il était chrétien ». Rumeurs, enquête, procès; on dépouille le coupable de ses vêtements, de ses armes; on le jette en prison. Et « mainte-nant, conclut Tertullien, revêtu de la pourpre du martyre sanglant qu'il espère, chaussé à la mode de l'Évangile, ceint

(1) May, *op. cit.*, p. 170.

(2) Le Christ les a léguées aux apôtres qui les ont remises, avec la clef de leur signification véritable, aux Églises apostoliques; et de celles-ci, la vraie foi a passé aux autres églises, à mesure qu'elles se fondaient à travers le monde.

(3) § 16 (OEhler, II, 17).

(4) Cf. Harnack, *Chron. der altchristl. Litter.*, II, 280.

(5) Cf. Monceaux, *Hist. littér. de l'Afrique chrétienne*, p. 269, n. 2.

du glaive plus aigu de la parole de Dieu, armé tout entier comme le veut l'apôtre et couronné de la blanche couronne, bien préférable à l'autre, il attend en prison le *donativum* du Christ (1) ». Le fait provoqua naturellement une vive émotion à Carthage. Beaucoup le désapprouvèrent, jugeant fâcheux de de donner prétexte à des représailles, et traitèrent le soldat de fanatique et d'étourdi, qui compromettait ses frères par son avidité de mourir (*abrupto et praecipiti et mori cupido*).

C'est à ces doléances que Tertullien voulut répondre en prenant hautement le parti du rebelle et en justifiant sa conduite. Il ne ménagea ni les timides, ni leurs pasteurs, — lions pendant la paix, cerfs dans le combat. Puis il posa et délimita ainsi la question. Est-il, oui ou non, défendu aux chrétiens de porter la couronne ?

Ainsi établi, le problème paraît assez oiseux : on dirait que Tertullien prend à tâche de l'envisager par son côté le plus extérieur et le plus futile. Mais ne nous y trompons pas. Il essaiera d'envelopper dans sa discussion un principe qui lui tient à cœur et dont on verra aisément le lien avec ses préoccupations coutumières.

L'argument dont se prévalaient ses adversaires étant celui dont plusieurs fois déjà ils avaient usé contre leur rigoureux censeur : nulle part l'Écriture ne spécifiait qu'il fût interdit de porter des couronnes.

Pour leur riposter, Tertullien fait appel à ses études d'homme de loi. Il se souvient qu'une des sources du *ius civile*, c'était la coutume (*mos, mores maiorum, consuetudo*). La coutume était considérée par les juristes romains comme exprimant le consentement tacite du peuple, source de tout droit. Éprouvée par un long usage, « elle s'imposait au juge à l'égal de la loi (2) » et, encore que son influence originelle se fût progressivement affaiblie, elle n'en demeurait pas moins, en principe, un mode de formation du droit.

Tertullien exploite donc, au bénéfice de sa thèse, cette

(1) *de Cor.* I (OEhler, I, 417).
(2) Cf. Cuq., t. I, p. 20-21; 168 et s.; t. II, p. 17; et l'article *Mores* du même auteur dans le *Dictionnaire des Antiq.* (III, 2, 2001); Ihering, *Esprit du droit romain*, trad. de Meulenaere, Paris et Gand, 2ᵉ éd., 1880, t. II, p. 28 et s.

théorie de la coutume. C'est un fait, observe-t-il, qu'aucun chrétien, qu'il soit catéchumène, confesseur, martyr, ou même apostat, ne porte jamais de couronne. Cela suffit. Il n'y a pas à chercher plus loin. La coutume — par le fait même qu'elle est coutume, et respectée de tous (*satis auctoratam consensus patrocinio* (1)) — enferme en soi sa justification. Qu'on en cherche le fondement, soit! mais de façon toute théorique, et sans en interrompre à aucun moment l'observance. — Un peu plus loin, il reprend le même sujet pour le creuser plus à fond. La *consuetudo* provient évidemment d'une *traditio*. Mais pour valider cette *traditio*, faut-il (comme le prétendait le parti « libéral ») une source écrite? Pas le moins du monde. La tradition, même sans ce point d'appui originel, est parfaitement recevable. Mille exemples tirés de la pratique chrétienne le prouvent surabondamment (2). Est-ce que le Christ a prescrit quelque part de prononcer au moment du baptême les paroles : « Je renonce à Satan, à ses pompes, à ses anges »? Où est-il écrit qu'on doive se signer en tant d'occasions? etc. Tous ces usages n'ont d'autre autorité que celle de la coutume. *Traditio auctrix, consuetudo confirmatrix, fides observatrix* (3). Et en dernière analyse, le support de la tradition elle-même, c'est la raison (4).

On voit l'architecture : dans le tuf même, la raison ; au-dessus la tradition, au-dessus encore la coutume ; et la foi couronne le tout. Il en est en matière de foi comme en matière de législation civile. A défaut de loi, c'est la coutume qui fait loi (*consuetudo autem etiam in civilibus rebus pro lege suscipitur, cum deficit lex* (5)), et cette loi est justifiée suffisamment par l'autorité de la raison.

A-t-il fini? Non pas! il s'empresse de tirer parti de cette dernière considération. Si la raison est une autorité légitime, pourquoi ne pas constituer en loi tout ce que la raison prescrit?

---

(1) § 2 (OEhler, I, 419).

(2) Le passage est précieux pour la connaissance des mœurs chrétiennes au début du IIIe siècle, § 3 (OEhler, I, 420 et s.).

(3) § 4 (OEhler, I, 424).

(4) *Rationem traditioni et consuetudini et fidei patrocinaturam aut ipse perspicies aut ab aliquo qui perspexerit disces* (*ibid.*).

(5) § 4 (OEhler, I, 425).

Pourquoi ne serait-il pas loisible à tout fidèle (*omni fideli*) de ce faire, pourvu que la règle établie soit en conformité avec les desseins de Dieu, qu'elle profite à la discipline et contribue au salut? Dieu n'a-t-il pas dit : « Que ne jugez-vous par vous-mêmes ce qui est juste? » Et saint Paul a-t-il fait autre chose, quand il a donné des conseils en son propre nom, sous le patronage de la raison divine? — On sent bien ici le fond de l'esprit de Tertullien : un attachement passionné à son sens propre, qui, au lieu de s'avouer franchement, veut justifier par tout un système compliqué et savant son envie de légiférer. Par tempérament, Tertullien aimerait à trancher d'autorité sur toute chose. Mais son goût catholique de la tradition, des choses respectables par leur durée ou par leur source, réfrène cet appétit individualiste. Et il s'agit, à force de ruses, de dialectique et de sophismes, de mettre à peu près d'accord ces tendances contradictoires (1).

L'exemple qui vient d'être cité est caractéristique. Il serait aisé d'en produire beaucoup d'autres aussi significatifs. Ainsi, l'un des hérétiques combattus par Tertullien, le peintre Hermogène, soutenait que la matière est éternelle et que Dieu a tiré d'elle toute chose. Tertullien oppose à ce système, outre quelques injures, un certain nombre de difficultés (2). En donnant à la matière l'attribut propre à Dieu — l'éternité — Hermogène faisait, selon lui, de la matière l'égale de Dieu. Bien plus, il l'élevait au-dessus de Dieu, puisqu'il réduisait Dieu à avoir besoin d'elle pour accomplir son œuvre créatrice. Dieu ne s'en était donc certainement pas servi *ut dominus*. Il n'avait pu en user que *precario* (3) : car s'il en avait usé *ex*

(1) Notons que Tertullien, qui vantait si fortement dans le *De Corona* le légitime prestige de la coutume, n'avait pas hésité quelques années auparavant, dans le *de Virginibus velandis*, § 1 (OEhler, 1, 883) à déclarer qu'elle était le plus souvent le fruit de l'ignorance et de la simplicité, et qu'au surplus, si ancienne fût-elle, elle ne saurait prévaloir contre la vérité, toujours plus ancienne qu'elle. Il s'agissait, il est vrai, dans ce dernier cas d'une coutume régionale (*privilegium regionum*). Mais l'opposition entre les deux points de vue est néanmoins patente. — Nul avocat n'a été plus complaisant que Tertullien à ces revirements inattendus, selon les dossiers et selon les espèces.

(2) Cf. *Adv. Herm.*, § 9 ; OEhler, II, 347.

(3) Il y a *précaire*, en droit romain, lorsqu'une personne, à la prière d'une

dominio (1) (comme le soutenait tout de même Hermogène), il faudrait le rendre responsable de l'existence du mal dans le monde — puisqu'il aurait permis à la matière, sa propriété, de déployer le mal qu'elle porte en soi. Ne l'ayant pas possédée *ex dominio*, Dieu n'en avait dès lors disposé que comme on dispose d'un bien étranger, *aut precario*, parce qu'il en avait besoin, *aut et injuria*, parce qu'il était le plus fort. *His enim tribus modis aliena sumuntur, iure, beneficio, impetu, id est dominio, precario, ui.* A Hermogène de choisir !

Ce sont là des traits isolés. Mais qu'on prenne un ouvrage dans son ensemble, le *de Pudicitia*, par exemple, et l'on verra quelle quantité d'expressions juridiques se glissent dans la trame du style de Tertullien (2). C'est le droit romain qui compose en quelque sorte l'atmosphère dans laquelle sa discussion se déroule. Faute de s'en aviser, on ne prendrait qu'une idée tout à fait insuffisante de sa tactique et de ses intentions. C'est ainsi que pour souligner les allures impératives du pontife romain Calliste, il appelle « édit »(3) l'ordonnance que Calliste venait de formuler au bénéfice des pécheurs coupables de fautes charnelles et, qui plus est, édit « péremptoire », tranchant tout débat (selon la définition du *Digeste : quod inde hoc nomen sumpsit, quod peremeret disceptationem, hoc est ultra non pateretur aduersarium tergiuersari :* V, I, 70, éd. Mommsen, p. 77). Il demande ironiquement où cette *liberalitas* va être affichée : c'était le mot par où l'on désignait communément les largesses impériales. Ces tours habilement concertés donnent à l'innovation de Calliste les airs d'une sorte de coup d'État, dont la forme fut aussi choquante que le fond en est préjudiciable à

autre, cède gratuitement à cette dernière la possession d'une chose avec le droit d'en user, mais sous la condition que la chose sera restituée à la première réquisition (Cf. G. May, *Éléments de Droit romain,* p. 300).

(1) Le *dominium* est la propriété individuelle : c'est le *dominium in jure Quiritium,* parce qu'originairement ce droit ne pouvait être établi qu'en faveur des seuls citoyens (Cf. *ibid.,* p. 148 et 195).

(2) Je me permets de renvoyer ici à l'Index du *de Paenitentia* et *de Pudicitia* que j'ai publiés avec introduction et traduction dans la collection Hemmer-Lejay (Paris, Picard, 1906). Tous les termes juridiques y sont notés avec renvois aux ouvrages spéciaux.

(3) *De Pudicitia,* 1, 6 et s. (éd. Preuschen).

l'Église. — Un peu plus loin (1), il prend soin de définir les mots *maechia, fornicatio, adulterium, stuprum* ou du moins d'indiquer l'usage qu'il en fera, parce qu'il tient à exclure toute contestation en donnant d'avance à chaque terme une valeur constante. — Veut-il expliquer comment les apôtres ont déchargé les chrétiens à venir des fardeaux de la loi judaïque, mais en conservant certaines dispositions capitales, qui prenaient ainsi d'autant plus d'importance que tous les autres articles étaient abolis, il écrit : *Compensatione res acta est; lucrati sumus multa, ut aliqua praestemus* (2). — Il appelle *postliminium* la réintégration du pécheur dans la communion ecclésiastique (3). — Il refuse à Calliste la *potestas* et l'*imperium* (4), dont les apôtres et les prophètes ont eu, selon lui, l'apanage, et qu'ils ont légués aux « spirituels » du Montanisme. — Et que d'expressions décèlent sporadiquement la même origine juridique ; *manceps* (5), *interlocutio* (6), *chirographum* (7), *reatus* (8), *elogium* (9), etc. etc... On sent que d'elles-mêmes elles lui viennent à la pensée et se posent sous sa plume, parce qu'elles constituent son mode habituel de traduire ses idées et qu'il trouve tout naturel d'en user dans le domaine moral et disciplinaire.

---

(1) § 4.

(2) La *compensatio* se définit : balance d'une créance par une dette. Cf. Girard, *Manuel*, p. 687 et s., *Dict. des ant.*, I, 2, 1426, et pour une théorie plus complète, C. Appleton, *Histoire de la compensation en droit romain*, Annales de l'univ. de Lyon, Paris, 1895.

(3) Cf. *Dig.*, XIV, XV, 5, 1 : *Postliminium habel, i. e, perinde omnia restituntur ac iura, ac si caplus non esset.* Pour l'origine de cette expression, V. Bouché-Leclercq, *Manuel des inst. rom.*, Paris, 1886, p. 373.

(4) § 21. « Par rapport à l'*imperium*, la *potestas* constitue l'idée large ; elle est reconnue, et cela au sens technique, à ceux qui ont l'*imperium*; mais les magistrats qui ont l'*imperium* n'en ont pas moins la *tribunicia, censoria potestas* : Mommsen, *Droit public romain*, trad. Girard, Paris, 1892, I, 25 ; Cf. aussi Cuq, *op. cit.*, I, 14.

(5) XIV, 4 ; Cf. Bouché-Leclercq, *op. cit.*, 257 ; 391.

(6) XIV, 25 ; Cf. *Dig.*, I, IV, I, I.

(7) XIV, 20 : *Dict. des antiq.*, I, 2, 1103.

(8) Proprement : condition d'un accusé au cours d'un procès (Cf. *Dig.*, XLVIII, XIX, 25, etc.) Tert. l'emploie au sens de *culpa*.

(9) IV, 2 : Cf. *Dict. des antiq.*, II, I, 582.

o°o

Je borne là mon exposé. Il me serait aisé de l'étendre davantage(1). Mais je crois avoir suffisamment démontré que lés conceptions-maîtresses de Tertullien, celles qui constituent en quelque sorte l'armature de son œuvre, ont reçu leur forme du Droit romain. Eusèbe l'a appelé quelque part « τοὺς Ῥωμαίων νόμους ἠκριβωκὼς ἀνήρ » (2), un homme profondément versé dans les lois romaines. C'est bien l'impression que laissent ses écrits. « Ce qui domine dans le jurisconsulte, a dit Guizot, c'est l'habitude de pousser un principe jusqu'à ses dernières conséquences. La subtilité, la vigueur logique, l'art de suivre, sans en jamais perdre le fil, un axiome fondamental dans son application à une multitude de cas différents, tel est le caractère essentiel de l'esprit légiste ». Tertullien en est lui-même un remarquable exemple. Il est singulièrement honorable pour la littérature latine chrétienne d'avoir été en quelque sorte inaugurée par un esprit de cette trempe, aussi aiguisé, aussi incisif. Aucun des successeurs de Tertullien, ni Cyprien, ni Lactance, ni Arnobe, n'a apporté dans ses démonstrations

---

(1) Si je n'avais craint de dévier vers un ordre de questions trop difficile ou trop spécial, j'aurais rappelé que Tertullien semble avoir transporté jusque dans le domaine métaphysique les expressions juridiques et les concepts qu'elles enveloppent. M. Harnack a signalé l'usage qu'il a fait des mots *persona* et *substantia*, dans ses explications du mystère de la Trinité. En droit romain, ces deux mots avaient un sens déterminé. *Substantia* équivalait à *status, virtus, potestas;* la personnalité, *persona*, était l'aptitude à être le sujet de droits et de devoirs légaux. Cette dernière expression avait déjà apparu dans la Bible latine comme équivalent du grec προσώπον. Mais Harnack croit que Tertullien a été influencé, dans l'emploi qu'il en a fait, par la terminologie technique de la jurisprudence (Cf. *Dogmengeschichte*, 1re éd., t. II, p. 287, note). M. Stier (*Die Gottes und Logoslehre T-s*, Göttingen, 1899, p. 72-78) combat l'hypothèse, en cherchant à prouver que ces formules ont chez Tertullien un sens beaucoup plus philosophique que juridique, parce qu'il les a adaptées aux conceptions philosophiques des apologistes, ses prédécesseurs. Je ne sais si cette réfutation doit annuler les fines rema ques de Harnack. Il convient pourtant d'ajouter que l'interprétation de Harnack a été très combattue en ces derniers temps. Cf. T. B. Strong, dans le *Journal of Theological Studies*, t. III (1902), p. 292 et s.; Tixeront, *Hist. des Dogmes*, Paris, 1905, p. 338.

(2) *Hist. eccl.*, II, 2, 4.

cette rigueur précise et péremptoire (1). Il est vrai qu'ils y ont mis (je parle surtout des deux premiers), moins de paradoxes, moins de sophismes, plus de candeur d'âme et de bonne foi. C'est pourquoi il ne faut point se hâter de placer leur œuvre trop au-dessous de la sienne.

P. DE LABRIOLLE.

(1) Il y a cependant quelques traces de droit romain dans leur œuvre. Cf. pour saint Cyprien : Bayard, *Le latin de saint Cyprien*, Paris, 1902, p. xxv; pour Arnobe et Lactance : C. Ferrini, *Die juristischen Kenntnisse des Arnobius und des Lactantius*, dans la *Zeitschr. der Savigny-Stiftung*, t. XIV (1894), pp. 343-352. On a cru en relever quelques-unes aussi chez Novatien (Cf. Th. Wehofer, *Wien. Studien*, t. XXIII (1901), p. 269); mais le fait a été contesté (Voir C. Weyman, dans la *Theol. Revue*, 1902, p. 256).

NOUVELLE
REVUE HISTORIQUE
DE
DROIT FRANÇAIS ET ÉTRANGER

PUBLIÉE SOUS LA DIRECTION DE MM.

Rodolphe DARESTE
Membre de l'Institut,
Conseiller à la Cour de Cassation.

Marcel FOURNIER
Agrégé à la Faculté de droit de Caen,
Archiviste-Paléographe.

Adhémar ESMEIN
Professeur à la Faculté de droit de Paris,
Directeur-adjoint à l'École pratique
des Hautes-Études

Joseph TARDIF
Docteur en droit, Archiviste-Paléographe.

Maurice PROU
Bibliothécaire à la Bibliothèque Nationale.

Georges APPERT
Docteur en droit, Secrétaire de la Rédaction.

Cette revue paraît tous les deux mois par livraisons de **10** feuilles environ et forme chaque année un beau volume in-8° de mille pages.

Les vingt-quatre premiers volumes parus (1877 à 1900) avec les Tables de la *Revue de Législation* et de la *Nouvelle Revue historique* (1870-1885), 1 brochure... **230** fr.

Chaque volume se vend séparément : 15 fr. de 1877 à 1889 et 18 fr. de 1890 à 1900.

Les Tables seules.. **3** fr.

PRIX DE L'ABONNEMENT ANNUEL :

Pour la FRANCE........ **18** fr. — Pour l'ÉTRANGER......... **19** fr.

SOURCES
DE
L'HISTOIRE DES INSTITUTIONS
ET
DU DROIT FRANÇAIS

MANUEL DE BIBLIOGRAPHIE HISTORIQUE

PAR

G. GAVET
PROFESSEUR D'HISTOIRE DU DROIT A L'UNIVERSITÉ DE NANCY

1 volume in-8° . . . . **15** francs.

BAR-LE-DUC. — IMPRIMERIE CONTANT-LAGUERRE.